C000043683

Impressum
Verlag: BABADADA GmbH, Nedderfeld 112 , 22529 Hamburg
Geschäftsführer / Verlagsleitung: Harald Hof
Druck: Books on Demand GmbH, In de Tarpen 42, 22848 Norderstedt

Imprint
Publisher: BABADADA GmbH, Nedderfeld 112 , 22529 Hamburg, Germany
Managing Director / Publishing direction: Harald Hof
Print: Books on Demand GmbH, In de Tarpen 42, 22848 Norderstedt, Germany

cl455r00m
aula

d1v1d3
dividere

986/2

b04rd
lavagna

5ch00l y4rd
cortile

734ch3r
insegnante

p4p3r
carta

wr173
scrivre

p3n
penna

d35k
scrivania

rul3r
righello

b00k
libro

pup1l
alunni

547ch3l

cartella

p3nc1l c453

portapenne

p3nc1l

matita

p3nc1l 5h4rp3n3r

temperino

rubb3r

gomma

dr4w1n6 p4d

blocco da disegno

dr4w1n6

disegno

p41n7bru5h

pennelli

p41n7 b0x

scatola dei colori

5c1550r5

forbici

6lu3

colla

3x3rc153 b00k

libro degli esercizi

h0m3w0rk

compiti

numb3r

numero

4dd

addizionare

5ub7r4c7

sottrarre

mul71ply

moltiplicare

c4lcul473

calcolare

l3773r

lettera

4lph4b37

alfabeto

w0rd

parola

73x7

testo

r34d

leggere

ch4lk

gesso

l3550n

lezione

r361573r

registro

3x4m1n4710n

esame

c3r71f1c473

pagella

5ch00l un1f0rm

uniforme

3duc4710n

istruzione

3ncycl0p3d14

enciclopedia

un1v3r517y

università

m1cr05c0p3

microscopio

m4p

cartina

w4573-p4p3r b45k37

cestino

h073l
hotel

h0573l
ostello

curr3ncy 3xch4n63 0ff1c3
ufficio di cambio

5u17c453
valigia

c4r
automobile

l4n6u463

Lingua

y35 / n0

sì / no

0k4y

okay

h3ll0

ciao

7r4n5l470r

interprete

7h4nk y0u

Grazie

h0w much 15

Quanto costa...?

1 d0 n07 und3r574nd

Non capisco

pr0bl3m

problema

600d 3v3n1n6!

buona sera

600d m0rn1n6!

Buongiorno!

600d n16h7!

Buonanotte!

600dby3

arrivederci

d1r3c710n

direzione

lu66463

bagagli

b46

borsa

b4ckp4ck

zaino

6u357

ospite

r00m

camera

5l33p1n6 b46

sacco a pelo

73n7

tenda

70ur157 1nf0rm4710n

informazioni

b34ch

spiaggia

cr3d17 c4rd

carta di credito

br34kf457

colazione

lunch

pranzo

d1nn3r

cena

71ck37

biglietto

3l3v470r

ascensore

574mp

francobollo

b0rd3r

confine

cu570m5

dogana

3mb455y

ambasciata

v154

visto

p455p0r7

passaporto

41rpl4n3
aereo

5h1p
nave

f1r3 7ruck
autopompa

bu5
autobus

7ruck
camion

m070rb047
barca a motore

c4r
automobile

b1k3
bicicletta

f3rry

traghetto

b047

barca

m070rb1k3

motocicletta

p0l1c3 c4r

auto della polizia

r4c1n6 c4r

auto da corsa

r3n74l c4r

auto a noleggio

c4r 5h4r1n6

carsharing

70w 7ruck

carro attrezzi

64rb463 7ruck

camion della nettezza urbana

3n61n3

motore

fu3l

benzina

fu3l 574710n

benzinaio

7r4ff1c 516n

cartello stradale

7r4ff1c

traffico

7r4ff1c j4m

ingorgo

p4rk1n6 l07

parcheggio

7r41n 574710n

stazione

7r4ck5

binari

7r41n

treno

7r4m

tram

w460n

vagone

h3l1c0p73r

elicottero

41rp0r7

aeroporto

70w3r

torre di controllo

p4553n63r

passeggero

c0n741n3r

container

c4r70n

cartone

c4r7

carretto

b45k37

cestino

74k3 0ff / l4nd

decollare / atterrare

c17y

città

v1ll463

paese

c17y c3n73r

centro

h0u53

casa

m0v13 7h3473r
cinema

4dv3r7
pubblicità

57r337 l16h7
lampione

57r337
via

74x1
taxi

5n4ck 5h0p
chiosco

p3d357r14n
pedone

51d3w4lk
marciapiedi

cr0551n6
incrocio

z3br4 cr0551n6
strisce pedonali

7r4ff1c l16h75
semaforo

jmp573r
done dell'immondizia

hu7
capanna

4p4r7m3n7
appartamento

7r41n 574710n
stazione

c17y h4ll
municipio

mu53um
museo

5ch00l
scuola

un1v3r517y

università

b4nk

banca

h05p174l

ospedale

h073l

hotel

ph4rm4cy

farmacia

0ff1c3

uffico

b00k 5h0p

libreria

5h0p

negozio

fl0w3r 5h0p

fioraio

5up3rm4rk37

supermercato

m4rk37

mercato

d3p4r7m3n7 570r3

grande magazzino

f15hm0n63r'5 5h0p

pescheria

m4ll

centro commerciale

h4rb0r

porto

p4rk

parco

b3nch

panchina

br1d63

ponte

5741r5

scale

5ubw4y

metropolitana

7unn3l

galleria

bu5 570p

fermata dell'autobus

b4r

bar

r3574ur4n7

ristorante

p057b0x

cassetta delle lettere

57r337 516n

segnale stradale

p4rk1n6 m373r

parchimetro

z00

zoo

5w1mm1n6 p00l

piscina

m05qu3

moschea

f4rm

fattoria

p0llu710n

inquinamento

c3m373ry

cimitero

church

chiesa

pl4y6r0und

parco giochi

73mpl3

tempio

l4nd5c4p3

paesaggio

l34f
foglia

516np057
cartello

p47h
strada

m34d0w
prato

570n3
pietra

7r33
albero

h1k3r
escursionista

r1v3r
fiume

6r455
erba

fl0w3r
fiore

v4ll3y
valle

h1ll
collina

l4k3
lago

f0r357
bosco

d353r7
deserto

v0lc4n0
vulcano

c45713
castello

r41nb0w
arcobaleno

mu5hr00m
fungo

p4lm 7r33
palma

m05qu170
zanzara

fly
mosca

4n7
formica

b33
ape

5p1d3r
ragno

b337l3

coleottero

fr06

rana

5qu1rr3l

scoiattolo

h3d63h06

riccio

h4r3

coniglio

0wl

civetta

b1rd

uccello

5w4n

cigno

b04r

cinghiale

d33r

cervo

m0053

alce

d4m

diga di sbarramento

w1nd 7urb1n3

turbina eolica

50l4r p4n3l

pannello solare

cl1m473

clima

w4173r
cameriere

m3nu
menù

ch41r
sedia

50up
zuppa

p1zz4
pizza

cu713ry
posate

74bl3cl07h
tovaglia

574r73r
antipasto

m41n c0ur53
piatto principale

d3553r7
dessert

dr1nk5
bevande

f00d
cibo

b07713
bottiglia

f457 f00d

fast food

57r337 f00d

cibo di strada

734p07

teiera

5u64r b0wl

zuccheriera

p0r710n

porzione

35pr3550 m4ch1n3

macchina del caffè

h16h ch41r

seggiolone

b1ll

fattura

7r4y

vassoio

kn1f3

coltello

f0rk

forchetta

5p00n

cucchiaio

7345p00n

cucchiaino da tè

53rv13773

tovagliolo

61455

bicchiere

pl473

piatto

50up pl473

piatto fondo

54uc3r

piattino

54uc3

salsa

54l7 5h4k3r

saliera

p3pp3r m1ll

macinino da pepe

v1n364r

aceto

01l

olio

5p1c35

spezie

k37chup

ketch up

mu574rd

senape

m4y0nn4153

maionese

5p3c14l 0ff3r
offerta

cu570m3r
cliente

d41ry pr0duc75
latticini

5h0pp1n6 c4r7
carrello della spesa

fru17
frutta

FOR

bu7ch3r'5 5h0p

macelleria

b4k3ry

panetteria

w316h

pesare

v36374bl35

verdura

m347

carne

fr0z3n f00d

surgelati

c0ld cu75

affettato

c4nn3d f00d

conserve

d373r63n7

detersivo

c4ndy

dolciumi

h0u53h0ld pr0duc75

casalinghi

cl34n1n6 pr0duc75

detersivo

54l35 r3pr353n7471v3

commessa

c45h r361573r

cassa

c45h13r

cassiere

5h0pp1n6 l157

lista della spesa

0p3n1n6 h0ur5

orari d'apertura

w4ll37

portafoglio

cr3d17 c4rd

carta di credito

b46

sacchetto

pl4571c b46

sacchetto di plastica

w473r

acqua

ju1c3

succo di frutta

m1lk

latte

c0k3

coca-cola

w1n3

vino

b33r

birra

4lc0h0l

alcol

c0c04

cacao

734

tè

c0ff33

caffè

35pr3550

espresso

c4ppucc1n0

cappuccino

b4n4n4

banana

4ppl3

mela

0r4n63

arancio

m3l0n

melone

l3m0n

limone

c4rr07

carota

64rl1c

aglio

b4mb00

bambù

0n10n

cipolla

mu5hr00m

fungo

nu75

noci

n00dl35

pasta

5p46h3771

spaghetti

r1c3

riso

54l4d

insalata

fr135

patatine fritte

fr13d p0747035

patatine fritte

p1zz4

pizza

h4mbur63r

hamburger

54ndw1ch

sandwich

35c4l0p3

cotoletta

h4m

prosciutto

54l4m1

salame

54u5463

salsiccia

ch1ck3n

pollo

r0457

arrosto

f15h

pesce

p0rr1d63 0475

fiocchi di avena

mu35l1

muesli

c0rnfl4k35

corn flakes

fl0ur

farina

cr01554n7

croissant

br34d r0ll

panino

br34d

pane

70457

toast

c00k135

biscotti

bu773r

burro

curd

quark

c4k3

torta

366

uove

fr13d 366

uovo al tegamino

ch3353

formaggio

1c3 cr34m

5u64r

h0n3y

gelato

zucchero

miele

j3lly

n0u647 cr34m

curry

marmellata

crema gianduia

curry

f4rm h0u53
fattoria

b4m
fienile

57r4w b4l3
balle di fieno

f13ld
campo

h0r53
cavallo

7r4ll3r
rimorchio

f04l
puledro

7r4c70r
trattore

d0nk3y
asino

l4mb
agnello

5h33p
pecora

6047
capra

c0w
mucca

c4lf
vitello

p16
maiale

p16l37
porcellino

bull
toro

60053

oca

duck

anatra

ch1ck

pulcino

h3n

gallina

c0ck3r3l

gallo

r47

ratto

c47

gatto

m0u53

topo

0x

bue

d06

cane

d06 h0u53

cuccia

64rd3n h053

tubo d'irrigazione

w473r1n6 c4n

annaffiatoio

5cy7h3

falce

pl0u6h

aratro

51ckl3

faice

h03

zappa

p17chf0rk

forcone

4x3

accetta

pu5hc4r7

cariola

7r0u6h

trogolo

m1lk c4n

contenitore del latte

54ck

sacco

f3nc3

recinto

574bl3

stalla

6r33nh0u53

serra

5011

terreno

533d

semina

f3r7111z3r

fertilizzante

c0mb1n3 h4rv3573r

trebbiatrice

h4rv357

raccogliere

h4rv357

raccolto

y4m5

igname

wh347

frumento

50y4

soia

p07470

patate

c0rn

mais

r4p3533d

colza

fru17 7r33

albero da frutta

m4n10c

manioca

6r41n

cereali

casa

ch1mn3y
camino

r00f
tetto

d0wn5p0u7
grondaia

w1nd0w
finestra

64r463
garage

d00rb3ll
campanello

d00r
porta

7r45h c4n
cestino die rifiuti

m41lb0x
cassetta delle lettere

64rd3n
giardino

l1v1n6 r00m
soggiorno

b47hr00m
bagno

k17ch3n
cucina

b3dr00m
camera da letto

ch1ld'5 r00m
stanza dei bambini

d1n1n6 r00m
sala da pranzo

fl00r

pavimento

w4ll

parete

c3ll1n6

coperta

c3ll4r

cantina

54un4

sauna

b4lc0ny

balcone

73rr4c3

terrazza

p00l

piscina

l4wn m0w3r

tosaerba

5h337

lenzuola

b3d5pr34d

coperta

b3d

letto

br00m

scopa

buck37

cestino

5w17ch

interruttore

w4llp4p3r
tappezzeria

p1c7ur3
foto

l4mp
lampada

5h3lf
scaffale

c4b1n37
armadio

f1r3pl4c3
camino

73l3v1510n
televisore

fl0w3r
fiore

cu5h10n
cuscino

50f4
divano

v453
vaso

r3m073 c0n7r0l
telecomando

c4rp37
tappeto

dr4p3
tenda

74bl3
tavolo

ch41r
sedia

r0ck1n6 ch41r
sedia a dondolo

4rmch41r
poltrona

b00k

libro

bl4nk37

coperta

d3c0r4710n

decorazione

f1r3w00d

legna da ardere

f1lm

film

573r30 5y573m

impianto stereo

k3y

chiavi

n3w5p4p3r

quotidiano

p41n71n6

dipinto

p0573r

poster

r4d10

radio

n073b00k

taccuino

v4cuum cl34n3r

aspirapolvere

c4c7u5

cactus

c4ndl3

candela

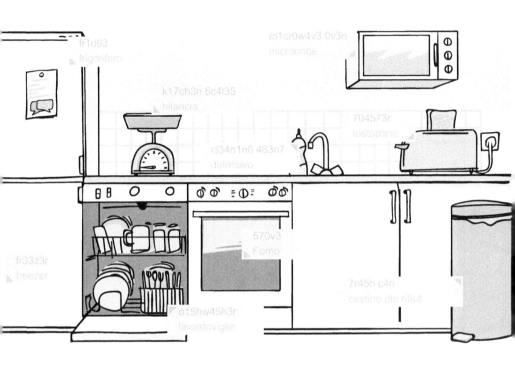

fr1d63
frigorifero

m1cr0w4v3 0v3n
microonde

k17ch3n 5c4l35
bilancia

cl34n1n6 463n7
detersivo

704573r
tostapane

570v3
Forno

fr33z3r
freezer

7r45h c4n
cestino die rifiuti

d15hw45h3r
lavastoviglie

cOOk3r
fornello

pO7
pentola

c457-1rOn pO7
padella di ferro

wOk / k4d41
wok / kadai

p4n
padella di ferro

k37713
bollitore per l'acqua

5734m3r

Forno a vapore

b4k1n6 7r4y

teglia

cr0ck3ry

stoviglie

mu6

tazza

b0wl

buccia

ch0p571ck5

bacchette

l4dl3

mestolo

5p47ul4

paletta da cucina

wh15k

frusta

57r41n3r

scolapasta

513v3

setaccio

6r473r

grattuggia formaggio

m0r74r

mortaio

b4rb3cu3

barbecue

f1r3pl4c3

focolare

ch0pp1n6 b04rd

tagliere

r0ll1n6 p1n

mattarello

c0rk5cr3w

cavatappi

c4n

lattina

c4n 0p3n3r

apriscatole

0v3n cl07h

presina

51nk

lavandino

bru5h

spazzola

5p0n63

spugna

bl3nd3r

frullatore

d33p fr33z3r

congelatore

b4by b077l3

biberon

74p

rubinetto

h3471n6
riscaldamento

5h0w3r
doccia

70w3l
asciugamani

5h0w3r cur741n
tendina da doccia

bubbl3 b47h
bagnoschiuma

b47h7ub
vasca

6l455
bicchiere

w45h1n6 m4ch1n3
lavatrice

74p
rubinetto

71l35
piastrelle

p077y
vasino

51nk
lavandino

701l37

toilette

5qu47 701l37

urinatoio turco

b1d37

bidet

ur1n4l

urinatoio

701l37 p4p3r

carta igienica

701l37 bru5h

spazzola da water

7007hbru5h

spazzolino da denti

7007hp4573

dentifricio

d3n74l fl055

filo interdentale

w45h

lavare

h4nd 5h0w3r

doccetta

d0uch3

doccia intima

b451n

bacinella

b4ck bru5h

spazzola da bagno

504p

sapone

5h0w3r 63l

gel da doccia

5h4mp00

shampoo

fl4nn3l

manopola

dr41n

scarico

cr3m3

crema

d30d0r4n7

deodorante

m1rr0r

specchio

h4nd m1rr0r

specchio

r4z0r

rasoio

5h4v1n6 f04m

schiuma da barba

4f73r5h4v3

dopobarba

c0mb

pettine

bru5h

spazzola

h41r-dry3r

fon

h41r5pr4y

lacca

m4k3up

make up

l1p571ck

rossetto

n41l v4rn15h

smalto

c0770n w00l

ovatta

n41l 5c1550r5

forbice per unghie

p3rfum3

profumo

w45hb46

borsetta da bagno

5700l

scabello

w316h1n6 5c4l35

bilancia

b47hr0b3

accappatoio

rubb3r 6l0v35

guanti

74mp0n

assorbente

54n174ry 70w3l

assorbenti

ch3m1c4l 701l37

bagno chimico

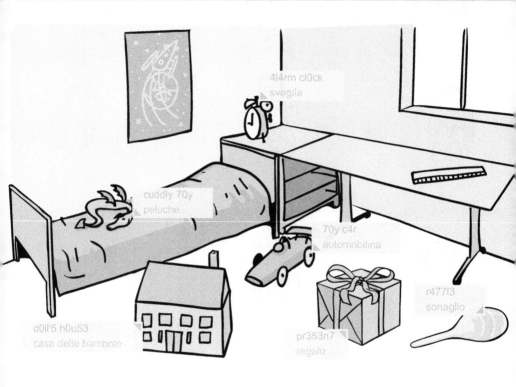

4l4rm cl0ck
svegila

cuddly 70y
peluche

70y c4r
automobilina

r47713
sonaglio

d0ll'5 h0u53
casa delle bambole

pr353n7
regalo

b4ll00n

palloncino

b3d

letto

57r0ll3r

passeggino

d3ck 0f c4rd5

mazzo di carte

j1654w

puzzle

c0m1c

comic

l360 br1ck5

lego

70y bl0ck5

mattoncini

4c710n f16ur3

action figure

r0mp3r 5u17

tutina

fr15b33

frisbee

m0b1l3

giostrina

b04rd 64m3

gioco da tavolo

d1c3

dadi

m0d3l 7r41n 537

trenino

dummy

ciuccio

p4r7y

festa

p1c7ur3 b00k

libro illustrato

b4ll

palla

d0ll

bambola

pl4y

giocare

54ndp17

sabbiera

5w1n6

altalena

70y

giocattolo

v1d30 64m3 c0n50l3

console

7r1cycl3

triciclo

73ddy b34r

orsetto

w4rdr0b3

guardaroba

cl07h1n6

vestiti

50ck5

calzini

570ck1n65

calze

716h75

collant

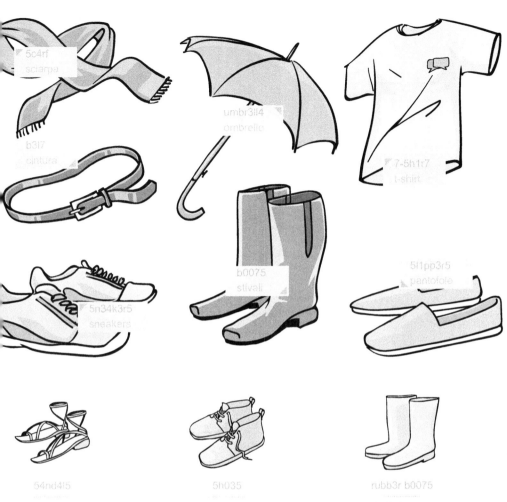

5c4rf
sciarpa

umbr3ll4
ombrello

7-5h1r7
t-shirt

b3l7
cintura

b0075
stivali

5l1pp3r5
pantofole

5n34k3r5
sneakers

54nd4l5
sandali

5h035
scarpe

rubb3r b0075
stivali di gomma

br13f5
mutande

br4
reggiseno

und3r5h1r7
canottiera

b0dy

body

p4n75

pantaloni

j34n5

jeans

5k1r7

gonna

bl0u53

camicetta

5h1r7

camicia

pull0v3r

pullover

5w3473r

felpa

bl4z3r

giacca

j4ck37

giacca

c047

cappotto

r41nc047

impermeabile

c057um3

tailleur

dr355

abito

w3dd1n6 dr355

abito da sposa

5u17
abito (da uomo)

n16h760wn
camicia da notte

p4j4m45
pigiama

54r1
sari

h34d5c4rf
foulard

7urb4n
turbante

burk4
burka

k4f74n
kaftano

4b4y4
abaya

5w1m5u17
costume da bagno

7runk5
costume da bagno
(maschile)

5h0r75
pantaloncini

7r4ck5u17
tuta da ginnastica

4pr0n
grembiule

6l0v35
guanti

bu770n

bottone

6l45535

occhiali

br4c3l37

braccialetto

n3ckl4c3

collana

r1n6

anello

34rr1n6

orecchino

c4p

berretto

c047 h4n63r

appendiabiti

h47

cappello

713

cravatta

z1p

zip

h3lm37

casco

br4c35

bretelle

5ch00l un1f0rm

uniforme

un1f0rm

uniforme

b1b
bavaglino

dummy
ciuccio

d14p3r
pannolini

53rv3r
server

f1!1n6 c4b1n37
armadio per le pratiche

p4p3r
carta

pr1n73r
stampante

m0n170r
monitor

d35k
scrivania

m0u53
mouse

f0ld3r
raccoglitore

k3yb04rd
tastiera

w4573-p4p3r b45k37
cestino

c0mpu73r
computer

ch41r
sedia

c0ff33 mu6
tazza da caffè

c4lcul470r
calcolatrice

1n73rn37
internet

l4p70p

portatile

l3773r

lettera

m355463

messaggio

c3ll ph0n3

cellulare

n37w0rk

rete

ph070c0p13r

fotocopiatrice

50f7w4r3

software

73l3ph0n3

telefono

plu6 50ck37

spina

f4x rn4ch1n3

fax

f0rm

modulo

d0cum3n7

documento

buy

comprare

p4y

pagare

7r4d3

commerciare

mÙn3y

soldi

 USD

dOll4r

dollaro

 EUR

3urO

euro

 JPY

y3n

yen

 RUB

rOubl3

rublo

 CHF

5w155 fr4nc

franco svizzero

 CNY

r3nm1nb1 yu4n

renminbi yuan

 INR

rup33

rupia

c45h pO1n7

bancomat

curr3ncy 3xch4n63 0ff1c3

uffico di cambio

60ld

oro

51lv3r

argento

01l

petrolio

3n3r6y

energia

pr1c3

prezzo

c0n7r4c7

contratto

74x

tassa

570ck

azioni

w0rk

lavorare

3mpl0y33

impiegato

3mpl0y3r

datore di lavoro

f4c70ry

fabbrica

5h0p

negozio

p0l1c3 0ff1c3r
poliziotto

f1r3m4n
vigile del fuoco

c00k
cuoco

d0c70r
medico

p1l07
pilota

64rd3n3r
giardiniere

c4rp3n73r
falegname

534m57r355
sarta

jud63
giudice

ch3m157
chimico

4c70r
attore

bu5 dr1v3r

autista dell'autobus

74x1 dr1v3r

tassista

f15h3rm4n

pescatore

cl34n1n6 l4dy

donna delle pulizie

r00f3r

copritetto

w4173r

cameriere

hun73r

cacciatore

p41n73r

pittore

b4k3r

fornaio

3l3c7r1c14n

elettricista

bu1ld3r

operaio edile

3n61n33r

ingegnere

bu7ch3r

macellaio

plumb3r

idraulico

p057m4n

postino

50ld13r

soldato

4rch173c7

architetto

c45h13r

cassiere

fl0r157

fiorato

h41rdr3553r

parrucchiere

c0nduc70r

controllore

m3ch4n1c

meccanico

c4p741n

capitano

d3n7157

dentista

5c13n7157

scienziato

r4bb1

rabbino

1m4m

imam

m0nk

monaco

p4570r

pastore

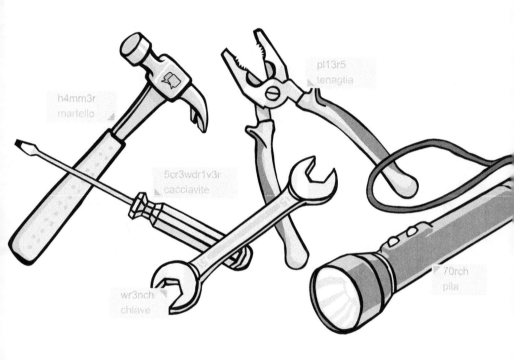

h4mm3r
martello

pl13r5
tenaglia

5cr3wdr1v3r
cacciavite

wr3nch
chiave

70rch
pila

3xc4v470r

ruspa

700lb0x

cassetta degli attrezzi

l4dd3r

scala

54w

sega

n41l5

chiodi

dr1ll

trapano

r3p41r

riparare

5h0v3l

pala

d4mn!

Dannazione!

du57p4n

paletta per l'immondizia

p41n7 c4n

barattolo di colore

5cr3w5

viti

mu51c4l 1n57rum3n75

strumenti musicali

l0ud 5p34k3r
altoparlante

drum 537
batteria

6u174r
chitarra

d0ubl3 b455
contrabbasso

7rump37
tromba

mu51c4l 1n57rum3n75 - strumenti musicali   57

p14n0

pianoforte

v10l1n

violino

b455

basso

71mp4n1

timpano

drum5

tamburo

k3yb04rd

tastiera

54x0ph0n3

sassofono

flu73

flauto

m1cr0ph0n3

microfono

3n7r4nc3
entrata

7163r
tigre

c463
gabbia

z3br4
zebra

4n1m4l f33d
mangime

p4nd4
panda

4n1m4l5
animali

3l3ph4n7
elefante

k4n64r00
canguro

rh1n0
rinoceronte

60r1ll4
gorilla

b34r
orso

c4m3l

cammello

057r1ch

struzzo

l10n

leone

m0nk3y

scimmia

fl4m1n60

fenicottero

p4rr07

pappagallo

p0l4r b34r

orso polare

p3n6u1n

pinguino

5h4rk

squalo

p34c0ck

pavone

5n4k3

serpente

cr0c0d1l3

coccodrillo

z00k33p3r

guardiano

534l

foca

j46u4r

giaguaro

p0ny
pony

l30p4rd
leopardo

h1pp0
ippopotamo

61r4ff3
giraffa

34613
aquila

b04r
cinghiale

f15h
pesce

7ur713
tartaruga

w4lru5
tricheco

f0x
volpe

64z3ll3
gazzella

4m3r1c4n f007b4ll
football americano

cycl1n6
ciclismo

73nn15
tennis

b45k37b4ll
pallacanestro

5w1mm1n6
nuoto

b0x1n6
pugilato

1c3 h0ck3y
hockey su ghiaccio

50cc3r

calcio

b4dm1n70n

badminton

47hl371c5

atletica leggera

h4ndb4ll

palla a mano

5k11n6

sciare

p0l0

polo

l4u6h
ridere

jump
saltare

hu6
abbracciare

w4lk
camminare

51n6
cantare

dr34m
sognare

pr4y
pregare

k155
baciare

wr173
scrivere

dr4w
disegnare

5h0w
mostrare

pu5h
spingere

61v3
dare

74k3
prendere

h4v3

avere

d0

fare

b3

essere

574nd

stare (in piedi)

run

correre

pull

tirare

7hr0w

gettare

f4ll

cadere

l13

sdraiarsi

w417

aspettare

c4rry

portate

517

sedere

637 dr3553d

vestirsi

5l33p

dormire

w4k3 up

svegliarsi

l00k 47

guardare

cry

piangere

57r0k3

accarezzare

c0mb

pettinare

74lk

parlare

und3r574nd

capire

45k

domandare

l1573n

ascoltare

dr1nk

bere

347

mangiare

71dy up

riordinare

l0v3

amare

c00k

cucinare

dr1v3

guidare

fly

volare

5411

veleggiare

c4lcul473

calcolare

r34d

leggere

l34rn

imparare

w0rk

lavorare

m4rry

sposare

53w

cucire

bru5h 7337h

lavarsi i denti

k1ll

uccidere

5m0k3

fumare

53nd

spedire

6r4ndm07h3r
nonna

6r4ndf47h3r
nonno

f47h3r
padre

m07h3r
madre

b4by
bebè

d4u6h73r
figlia

50n
figlio

6u357
ospite

4un7
zia

unci3
zio

br07h3r
fratello

51573r
sorella

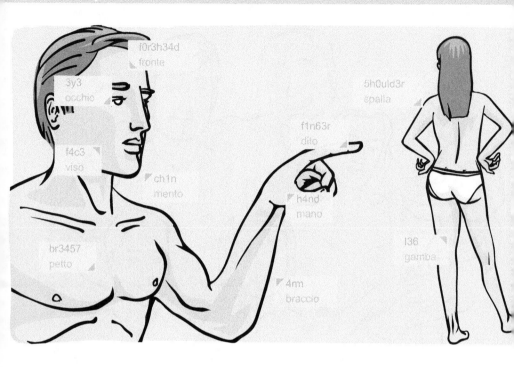

f0r3h34d
fronte

3y3
occhio

5h0uld3r
spalla

f1n63r
dito

f4c3
viso

ch1n
mento

h4nd
mano

br3457
petto

l36
gamba

4rm
braccio

b4by

bebè

m4n

uomo

w0m4n

signora

61rl

ragazza

b0y

ragazzo

h34d

testa

b4ck

schiena

b3lly

addome

n4v3l

ombelico

703

dito del piede

h33l

tallone

b0n3

ossa

h1p

anca

'kn33

ginocchio

3lb0w

gomito

n053

naso

bu770ck5

sedere

5k1n

pelle

ch33k

guancia

34r

orecchio

lip

labbra

m0u7h

bocca

7007h

dente

70n6u3

lingua

br41n

cervello

h34r7

cuore

mu5cl3

muscolo

lun6

polmone

l1v3r

fegato

570m4ch

stomaco

k1dn3y5

reni

53x

rapporto sessuale

c0nd0m

preservativo

0vum

ovulo

53m3n

sperma

pr36n4ncy

gravidanza

b0dy - corpo

m3n57ru4710n

mestruazioni

v461n4

vagina

p3n15

pene

3y3br0w

sopracciglio

h41r

capelli

n3ck

collo

b0dy - corpo

d0c70r

medico

3m3r63ncy r00m

pronto soccorso

nur53

infermiera

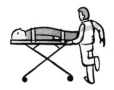

3m3r63ncy

emergenza

unc0n5c10u5

svenuto

p41n

dolore

1njury

ferita

bl33d1n6

ferita

h34r7 4774ck

infarto cardiaco

57r0k3

ictus

4ll3r6y

allergia

c0u6h

tosse

f3v3r

febbre

flu

influenza

d14rrh34

diarrea

h34d4ch3

mal di testa

c4nc3r

cancro

d14b3735

diabete

5ur630n

chirurgo

5c4lp3l

bisturi

0p3r4710n

operazione

c7

tomografia

x-r4y

raggi x

ul7r450und

ecografia

f4c3 m45k

mascherina

d153453

malattia

w4171n6 r00m

sala d'attesa

cru7ch

stampelle

pl4573r

cerotto

b4nd463

bendaggio

1nj3c710n

iniezione

5737h05c0p3

stetoscopio

57r37ch3r

barella

cl1n1c4l 7h3rm0m373r

termometro

b1r7h

nascita

0v3rw316h7

sovrappeso

h34r1n6 41d

apparecchio acustico

d151nf3c74n7

disinfettante

1nf3c710n

infezione

v1ru5

virus

h1v / 41d5

HIV / AIDS

m3d1c1n3

medicina

v4cc1n4710n

vaccino

74bl375

pastiglia

p1ll

pillola

3m3r63ncy c4ll

chiamata d'emegenza

bl00d pr355ur3 m0n170r

misuratore di pressione

1ll / h34l7hy

malato / sano

h3lp!

Aiuto!

4l4rm

allarme

4554ul7

aggressione

4774ck

attacco

d4n63r

pericolo

3m3r63ncy 3x17

uscita d'emergenza

f1r3!

fuoco!

f1r3 3x71n6u15h3r

estintore

4cc1d3n7

incidente

f1r57-41d k17

kit di primo soccorso

505

SOS

p0l1c3

polizia

nür7h 4m3r1c4

Nord America

50u7h 4m3r1c4

Sud America

4fr1c4

Africa

4514

Asia

4u57r4l14

Australia

47l4n71c

Atlantico

p4c1f1c

Pacifico

1nd14n 0c34n

Oceano indiano

4n74rc71c 0c34n

Oceano antartico

4rc71c 0c34n

Oceano artico

n0r7h p0l3

Polo nord

50u7h p0l3

Polo sud

4n74rc71c4

Antartico

34r7h

terra

l4nd

paese

534

Mare

15l4nd

isola

n4710n

nazione

57473

stato

cl0ck f4c3

quadrante

hOur h4nd

lancetta delle ore

m1nu73 h4nd

lancetta dei minuti

53c0nd h4nd

lancetta dei secondi

wh47 71m3 15 17?

Che ore sono?

d4y

giorno

71m3

tempo

nOw

ora

d16174l w47ch

orologio digitale

m1nu73

minuto

hOur

ore

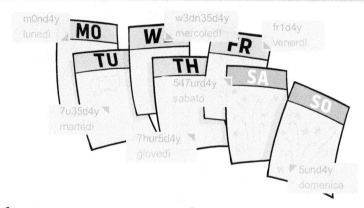

mOnd4y
lunedì

w3dn35d4y
mercoledì

fr1d4y
venerdì

7u35d4y
martedì

7hur5d4y
giovedì

547urd4y
sabato

5und4y
domenica

y3573rd4y

ieri

70d4y

oggi

70mOrrOw

domani

mOrn1n6

mattino

n00n

mezzogiorno

3v3n1n6

sera

w0rkd4y5

gioni feriali

w33k3nd

fine settimana

r41n
pioggia

r41nb0w
arcobaleno

5n0w
neve

w1nd
vento

5pr1n6
primavera

5umm3r
estate

f4ll
autunno

w1n73r
inverno

4.APRIL	11°	☀
5.APRIL	4°	☁
6.APRIL	13°	☂
7.APRIL	8°	☀
8.APRIL	10°	☀

w347h3r f0r3c457

previsioni del tempo

7h3rm0m373r

termometro

5un5h1n3

raggio di sole

cl0ud

nuvola

f06

nebbia

hum1d17y

umidità

l16h7n1n6

lampo

7hund3r

tuono

570rm

tempesta

h41l

grandine

m0n500n

monsone

fl00d

marea

1c3

ghiaccio

j4nu4ry

gennaio

f3bru4ry

febbraio

m4rch

marzo

4pr1l

aprile

m4y

maggio

jun3

giugno

july

luglio

4u6u57

agosto

53p73mb3r

settembre

0c70b3r

ottobre

n0v3mb3r

novembre

d3c3mb3r

dicembre

c1rcl3

cerchio

5qu4r3

quadrato

r3c74n6l3

rettangolo

7r14n6l3

triangolo

5ph3r3

sfera

cub3

cubo

wh173

bianco

y3ll0w

giallo

0r4n63

orancione

p1nk

fucsia

r3d

rosso

purpl3

lilla

blu3

blu

6r33n

verde

br0wn

marrone

6r4y

grigio

bl4ck

nero

4 l07 / 4 l177l3

4n6ry / c4lm

b34u71ful / u6ly

molto / poco

arrabbiato / tranquillo

bello / brutto

b361nn1n6 / 3nd

b16 / 5m4ll

br16h7 / d4rk

inizio / fine

grande / piccolo

chiaro / scuro

br07h3r / 51573r

cl34n / d1r7y

c0mpl373 / 1nc0mpl373

fratello / sorella

pulito / sporco

completo / incompleto

d4y / n16h7

d34d / 4l1v3

w1d3 / n4rr0w

giorno / notte

morto / vivo

largo / stretto

3d1bl3 / 1n3d1bl3   3v1l / k1nd   3xc173d / b0r3d

commestibile / immangiabile   cattivo / buono   eccitato / annoiato

f47 / 7h1n   f1r57 / l457   fr13nd / 3n3my

grasso / magro   primo / ultimo   amico / nemico

full / 3mp7y   h4rd / 50f7   h34vy / l16h7

pieno / vuoto   duro / morbido   pesante / leggero

hun63r / 7h1r57   1ll / h34l7hy   1ll364l / l364l

fame / sete   malato / sano   illegale / legale

1n73ll163n7 / 57up1d   l3f7 / r16h7   n34r / f4r

intelligente / stupido   sinistra / destra   vicino / lontano n3w / u53d   n07h1n6 / 50m37h1n6   0ld / y0un6

nuovo / usato   niente / qualcosa   vecchio / giovane

0n / 0ff   0p3n / cl053d   qu137 / l0ud

acceso / spento   aperto / chiuso   silenzioso / rumoroso

r1ch / p00r   r16h7 / wr0n6   r0u6h / 5m007h

ricco / povero   giusto / sbagliato   ruvido / liscio

54d / h4ppy   5h0r7 / l0n6   5l0w / f457

triste / felice   corto / lungo   lento / veloce

w37 / dry   w4rm / c00l   w4r / p34c3

bagnato / asciutto   caldo / fresco   guerra / pace

0

z3r0

zero

1

0n3

uno

2

7w0

due

3

7hr33

tre

4

f0ur

quattro

5

f1v3

cinque

6

51x

sei

7

53v3n

sette

8

316h7

otto

9

n1n3

nove

10

73n

dieci

11

3l3v3n

undici

12

7w3lv3

dodici

13

7h1r733n

tredici

14

f0ur733n

quattordici

15

f1f733n

quindici

16

51x733n

sedici

17

53v3n733n

diciassette

18

316h733n

diciotto

19

n1n3733n

diciannove

20

7w3n7y

venti

100

hundr3d

cento

1.000

7h0u54nd

mille

1.000.000

m1ll10n

milione

3n6l15h

Inglese

4m3r1c4n 3n6l15h

Inglese americano

ch1n353 m4nd4r1n

Cinese mandarino

h1nd1

Hindi

5p4n15h

Spagnolo

fr3nch

Francese

4r4b1c

Arabo

ru5514n

Russo

p0r7u6u353

Portoghese

b3n64l1

Bengalese

63rm4n

Tedesco

j4p4n353

Giapponese

1

io

y0u

tu

h3 / 5h3 / 17

lui /lei

w3

noi

y0u

voi

7h3y

loro

wh0?

chi?

wh47?

cosa?

h0w?

come?

wh3r3?

dove?

wh3n?

quando?

n4m3

nome

b3h1nd

dietro

1n

in

1n fr0n7 0f

davanti

0v3r

oltre

0n

sopra

und3r

sotto

b351d3

accanto

b37w33n

fra

pl4c3

località